LETTRES

De M. Maultrot, Avocat au Parlement, à M. le Camus d'Houlouve, Bâtonnier des Avocats.

PREMIERE LETTRE,

Paris, le 5 Juillet 1783.

MONSIEUR LE BATONNIER,

J'ai reçu hier la visite de M. de Néhou, mon très-estimable Confrère : il avoit charge de m'apprendre que, dans l'Assemblée des Députés, tenue la veille, on m'avoit mandé à la huitaine sur la Dénonciation d'un Mémoire pour la Marquise de Valory, au pied duquel j'ai mis une petite Consultation. Il a refusé formellement de se charger de la réponse que je lui ai faite, & il me met par-là dans la nécessité de vous la transmettre par écrit.

Je vous prie instamment de vouloir bien effacer mon nom du Tableau : je tiendrai à honneur de ne plus appartenir à un Ordre qui a tant dégénéré de son antique vertu, & qui est si prodigieusement, & si justement déchu de l'estime publique. Il trouve bon qu'on invoque, du vivant du Testateur, & contre lui, un testament qu'il a confié : il trouve

A

bon qu'on fe glorifie d'avoir fait une convention qui renferme une ufure énorme : il trouve bon que les Orateurs abufent de leurs talens pour diffamer & traiter indignement ceux contre lefquels ils plaident : il trouve bon qu'un Ecrivain, fans nom & fans titre, compofe & diftribue un Libelle infâme, dans lequel une femme de qualité eft traînée dans la boue, & qu'un Avocat, des plus accrédités, prête fa fignature, néceffaire pour faciliter l'impreffion : il trouve bon enfin qu'il fe forme, dans fon fein, une ligue en faveur d'un Membre inculpé qui le protége par des menées fourdes, des intrigues, des follicitations de tout genre, en un mot *per fas & nefas* ; non contre des actes de violence, mais contre les voies judiciaires, & qui oublie les bienféances, jufqu'à troubler, par des applaudiffemens & des fifflemens également indécens, le calme majeftueux de l'Audience.

Ce ne font là que des peccadilles, qui ne méritent pas la plus légère attention, qui ne fourniffent matière à aucune répréhenfion : tout cela eft cependant étranger au mérite de la Conteftation. Que la Marquife de Valory ait tort ou raifon au fond, ces faits ne font pas moins conftans : ils ne bleffent en rien la délicateffe de notre Profeffion ; tout l'Ordre eft dans le plus morne filence.

Qu'ai-je fait, moi ? J'ai autorifé, par une Confultation d'une page, un Mémoire, dans lequel la Marquife de Valory fe défend avec une certaine force. Si l'ouvrage avoit été méprifé du Public, on m'auroit laiffé tranquille : il a fait la plus vive impreffion, moins par les agrémens du ftyle, que par la folidité des raifons ; *indè iræ*. L'Ordre fort de fa profonde léthargie. Je fuis criminel au premier chef, & l'on me mande à la Députation pour rendre compte de ma conduite. Mᵉ Courtin, fes Défenfeurs, ceux qui cabalent publiquement pour lui, font & feront toujours innocens, quelque chofe qu'ils faffent. Moi, je fuis néceffairement coupable, parce que j'ai élevé ma voix pour la Marquife de Valory. Pourquoi des hommes qui doivent tout pefer au poids du fanctuaire, ont-ils fi vifiblement *pondus & pondus ?* Eft-ce au milieu de nous que devroit fe vérifier ce que dit le Poëte : *Dat Veniam corvis, vexat cenfura columbas ?* Oh ! Monfieur, qui eût cru que, dans l'affaire dont il s'agit, le *veniat* eût été pour moi ? Si l'Ordre s'en fût occupé autrefois, ce n'eft pas moi certainement qui aurois été l'objet de fon animadverfion.

Il y aura demain cinquante ans que je fuis entré au Barreau ; &, confidérant fon état actuel, je dis avec larmes : *Quantùm mutatus ab illo !* J'ai vu dans ma jeuneſſe que nous-nous faiſions un devoir de prêter notre miniſtère contre un Confrère, autant & plus encore que contre tout autre. Nous avons juré de défendre le bon droit envers & contre tous. Indépendamment de la juſtice dûe à nos concitoyens, nous faiſiſſions avidemment de telles occaſions pour découvrir & éliminer ceux qui n'étoient pas dignes de nous. Les temps ſont changés : on transforme notre Ordre en un lieu d'aſyle, & une eſpéce de maiſon de refuge. Il ne ſera pas même permis d'examiner ſi les plaintes contre un Avocat ſont juſtes.

J'ai, dit-on, calomnié l'Ordre : au moins ai-je tâché qu'il n'eût pas à rougir de ma conduite. Mais quelle eſt cette calomnie? J'ai écrit que la Marquiſe de Valory n'avoit pas pu trouver de Défenſeur ; & pluſieurs Avocats certifient qu'elle ne s'eſt pas adreſſée à eux. Eſt-ce ſérieuſement qu'on tient un tel langage? La Marquiſe de Valory a cherché parmi ceux auxquels leurs talens ont donné de la célébrité. J'en nommerois plus de dix, ou auxquels elle a parlé, ou qu'elle a fait ſonder, dont quelques-uns même avoient promis leur aſſiſtance, & ont gardé la Cauſe pendant quelque temps. Auroit-il fallu conſtater le refus par des ſommations ? La triſte reſſource d'un Avocat nommé par Arrêt, a même été inutile. Celui que la Cour a commis a refusé son ministère comme les autres. N'en est-ce pas assez pour établir la justice de mes doléances ; & plût-à-Dieu que je me fusse trompé !

Je finis, Monsieur, en vous réitérant la prière de me retrancher de votre Ordre : je sens que j'y suis un Censeur importun. Les *Veniat* ne sont pas faits pour moi. Je quitterai sans chagrin un Corps où j'y suis exposé sans sujet & sans prétexte. Je ferai dans le cas de dire avec un respectable Vieillard : *Moriatur anima mea morte justorum.* Je mourrai les armes à la main pour la défense de mon Ordre. Je cesserai d'être Avocat, parce que j'aurai réclamé contre des abus & des scandales qui le déshonorent. J'espère au moins que le dernier acte que j'aurai fait de mon ministère ne ternira pas ma mémoire. Je regretterai ceux en qui vit toujours l'ancien esprit de notre état, & j'ose me flatter qu'ils voudront bien me conserver leur amitié.

Je vous prie, Monsieur, de vouloir bien communiquer cette Lettre à sa Députation : c'est la seule réponse que mon honneur me permette de faire à son *Veniat.*

Je suis avec respect, &c.

DEUXIÉME LETTRE,

Paris, le 7 Juillet 1783.

Monsieur le Batonnier,

Permettez-moi d'ajouter à la Lettre que j'ai eu l'honneur de vous écrire, un fait que j'ignorois.

C'eſt M. Hérault de Séchelles qui a porté la parole au Châtelet, comme Avocat du Roi. Vous ſçavez qu'après avoir inſiſté fortement ſur l'uſure criante que renferme l'Acte de 1774, il a néanmoins, ſans ſe contredire ſans doute, conclu en faveur de Mᵉ Courtin. Il a dit dans ſon Plaidoyer, à la grande ſatisfaction de la cabale préſente, que la Cauſe de la Marquiſe de Valory étoit ſi déſeſpérée que, dans tout le Barreau, il ne s'étoit trouvé qu'un ſeul Avocat qui eût oſé s'en charger. C'eſt ce que m'atteſtent pluſieurs perſonnes qui étoient préſentes à l'Audience. Seroit-ce la Marquiſe de Valory qui auroit inſtruit M. l'Avocat du Roi de cette diſpoſition du Barreau, & qui l'auroit engagé à s'en rendre garant ?

Il eſt inconteſtable auſſi que Mᵉ Boſquillon, ce ſeul Avocat qui a eu le courage de plaider pour la Marquiſe de

Valory, a été pour cela perſifflé, baffoué, injurié par une foule de ſes Confrères. On lui a reproché cent fois de s'être chargé d'une Cauſe qu'ils avoient tous refuſée.

Et, après cela, j'ai calomnié l'Ordre, en diſant que la Marquiſe de Valory n'avoit pas pu y trouver de Défenſeur : &, après cela, on me fait un crime de déplorer nos temps & nos mœurs. Je les déplorerai tant que je vivrai : je ſerai, quoiqu'on diſe, *Laudator temporis acti*, & je verſerai des larmes amères ſur les ruines de l'ancien eſprit de notre état.

Mais pourquoi crier ſi haut ? Quel tort vous fait-on, en vous engageant à venir vous expliquer à la Députation ? Quel tort on me fait ! Je vois des ſujets, & plus d'un, qui ont mérité, à différens titres, une radiation flétriſſante : ils ont occupé ou occupent les places de confiance dans l'Ordre ; ils n'ont jamais été mandés : il n'y a eu dans leur conduite rien de louche, rien qui méritât l'attention de l'Ordre ; & moi je ſuis mandé ! Ah ! Monſieur, ma ſenſibilité, ma délicateſſe ſur l'honneur ne peuvent ſoutenir le parallèle.

Quel tort on me fait ! Moi, qui, très-coupable devant Dieu, crois l'être peu devant les hommes dans l'exercice de ma Profeſſion, il faut qu'à ſoixante-dix ans je ſubiſſe un Interrogatoire ! Il y a donc au moins des fuſpicions ſur mon compte ? Je ſerois inconſolable, s'il y avoit contre moi ſeulement des apparences, des probabilités. La femme de Céſar ne doit point être ſoupçonnée, & je ne veux pas l'être plus qu'elle.

Quel tort on me fait, Monſieur ! Suivant ce que j'ai appris de la Délibération du 3 de ce mois, j'ai été dénoncé par Mᵉ Babille, ancien Bâtonnier. Je m'y attendois : on ne peut pas impunément parler pour la Marquiſe de Valory. L'année dernière, Mᵉ Élie de Beaumont avoit déjà dénoncé Mᵉ Riviere, comme Auteur d'une Conſultation imprimée pour elle, quoiqu'elle fût pleine de modération & de ſageſſe. Les uns ont été d'avis de nommer des Commiſſaires. Il ne s'agit donc pas de petit criminel, qui ſe juge ſommairement. Il faut régler mon procès à l'extraordinaire ; il demande un approfondiſſement, un examen réfléchi : d'autres ont propoſé un ſurſis juſqu'après le jugement du fond de la Conteſtation. C'eſt un hors de-Cour proviſoire, une eſpéce de plus-amplement-informé, dans les liens duquel je paſſerai ma vieilleſſe, & je finirai mes jours. Quelques-uns ſe ſont diſpenſés d'opiner, comme étant mes amis ; &, en cela, ils m'ont fait une injure ſanglante. J'ai donc beſoin d'indulgence ; j'ai donc de grandes obligations à leur amitié. Si-elle ne les avoit pas retenus, la confcience leur auroit donc dicté contre moi un jugement févère. En un mot il faut que je fois bien évidemment répréhenfible, puifque d'environ trente Avocats qui fçavent apprécier les délits & les preuves, il n'y en a pas un qui ait cru pouvoir me juftifier, & m'innocenter pleinement.

On m'a mandé à la Députation ; & qu'efpère-t-elle de ma préfence ? On me reprochera, dit-on, d'avôir favorifé l'impreffion d'un Mémoire, où l'Ordre eft accufe de s'être ligué en faveur de Me Courtin, contre la Marquife de Valory. C'eft, j'en conviens, une vérité défagréable : mais, quand on l'a méritée, il faut avaler le calice, en profiter & fe corriger.

Je vais, au furplus, mettre la Députation à l'aife, & prévenir mon interrogatoire. Oui, j'ai facilité à deffein l'impreffion du Mémoire, dans lequel on accufe l'Ordre d'une confédération en faveur de Me Courtin. Pourquoi l'ai-je fait? je vous en dois les raifons; les voici. Attaché aux anciens principes, je me fuis cru obligé à défendre la Marquife de Valory, non-feulement contre un Avocat particulier, mais contre l'Ordre ; car l'Ordre, je le dis avec douleur, l'Ordre entier eft coupable envers elle; les uns pour avoir formé cette ligue active dont elle a éprouvé les funeftes effets, les autres pour l'avoir fouffert.

Sans doute on me demandera des preuves, & on exigera peut-être que je rapporte des actes devant Notaires. Nous fçavons, nous autres Jurifconfultes, que la notoriété de fait ne fuffit pas pour fonder un jugement, une cenfure : mais elle fuffit pour alléguer un fait ; & fi cette cabale, ce complot formé dans l'Ordre ne font pas notoires ; jamais aucun fait ne méritera cette qualification. Nos Chefs l'ont-ils ignoré ? Ils me permettront de le dire ; cela fait peu d'honneur à leur vigilance : l'ont-ils fu & diffimulé.... Je m'arrête, Monfieur, & je termine ainfi ma trifte apologie.

Si j'ai cherché à déshonorer mon Ordre fans fujet, je fuis indigne d'en être membre : fi c'eft l'Ordre ou fes Repréfentans qui m'outragent indignement, qui fe conduifent à mon égard avec la partialité la plus outrée, dois-je defirer de refter dans fon fein ?

Je vous prie de lire cette Lettre à la Députation, ainfi que la précédente, & de ne pas douter du refpect avec lequel je fuis,

MONSIEUR LE BATONNIER,

Votre, &c.

TROISIÉME LETTRE,

Paris, le 21 Juillet 1783.

MONSIEUR LE BATONNIER,

Je commence par vous déclarer que je n'ai aucune part à l'impreſſion des deux Lettres que j'ai eu l'honneur de vous écrire, ni à l'*Avertiſſement* qu'on y a joint. Je ſuis par caractère l'homme du monde qui cherche le moins à faire parler de lui. J'oſerai cependant dire que vous m'auriez mis, malgré moi, dans le cas de déſirer la publication de ces Lettres. Je ne peux écrire que par votre canal à la Députation, dont vous êtes le Préſident : je n'aurois pas cru que vous euſſiez le droit de ſupprimer les Lettres que je lui adreſſe.

On ſe plaint de ce que j'ai expoſé des abus, dont j'ai accuſé l'Ordre entier. Vous ſçavez qu'on juge d'un Corps par ſa totalité morale, & qu'on lui impute les fautes de la multitude. Je n'ai, ni dit ni penſé que l'ancien eſprit du Barreau fût entiérement éteint : il ſubſiſte dans pluſieurs Avocats, qui, élevés dans nos anciens principes, y ſont demeurés fideles. Je n'en ai pas moins été autoriſé à accuſer l'Ordre entier de s'être l.gué en faveur de Me Courtin, contre la Marquife de Valory. Ceux qui ont formé cette cabale font en grand & très-grand nombre : d'autres, quoique cela foit difficile à croire, l'ont peut-être ignorée ; ils devoient s'en inftruire & s'y oppofer : d'autres enfin en ont été pleinement informés, & ne fe font pas mis en peine de rompre le complot. Je ne pourfuis pas une chimère : j'ai fourni, dans mes premières Lettres, des preuves de mon accufation. Eh ! qu'il eft trifte pour moi de dévoiler des excès qui la juftifient de plus en plus !

La cabale Courtinienne n'a pas feulement caché fon jeu ; elle n'a pas gardé les bienféances, au moins pour en impofer au Public : le dévouement, la paffion pour Me Courtin ont franchi toutes les bornes, & on lui a facrifié les maximes les plus certaines.

Jufqu'à nos malheureux jours, les Avocats s'étoient crus obligés à infpirer le refpect pour les Loix : ceux même qui auroient eu le malheur de s'en écarter dans leur conduite, le prêchoient févèrement par leurs confeils. Ils fçavoient que dans un Royaume Catholique, les Loix divines & eccléfiaftiques font partie de celles de l'Etat ; &, n'y étant pas même attachés par le cœur, ils auroient cru prévariquer, s'ils n'avoient pas engagé les autres à s'y conformer. La fage exactitude de leurs conseils ne tendoit qu'à la manutention de toutes les Loix ; & ils y contribuoient presqu'autant par leurs avis, que le Légiflateur par la crainte des peines dont il menace les infracteurs. C'eût été à leurs yeux un crime irrémiffible d'exhorter le dépofitaire à violer les Loix facrées du Dépôt ; de légitimer, aux yeux des Cliens, des conventions ufuraires. Ils ne fouffroient pas qu'on employât, à diffamer la Vertu , une plume qui ne devroit fervir qu'à repouffer l'injuftice. Ils ne proftituoient pas leur fcience & leurs talens en juftifiant les coupables , & en déchirant, même fans prétexte, la réputation des hommes les plus vertueux.

Ces maximes pures , auxquelles l'ancien Barreau étoit inviolablement attaché ; ces régles faintes, dont nos pères nous ont tranfmis de main en main la connoiffance & l'amour, ont été foulées aux pieds par Me Courtin & tous fes Défenfeurs.

Il a publié, en 1782, un Mémoire à Confulter, dans lequel il cherche à établir les avances confidérables , les prêts géminés qu'il a faits à la Marquife de Valory. Nous y lifons, (page 4), *Il faut l'écouter parler elle-même dans un Teftament olographe qu'elle me remit en 1769.* On tranfcrit enfuite une première laufe qui contient vingt-fept lignes , & une autre qui en renferme treize. *Cet acte, entierement écrit, signé & daté par la Marquise de Valory, est du 28 Juillet 1769. Elle me le remit tout ouvert, me força de le garder. Je le gardai donc, sans prevoir que jamais il dût m'être utile.* Le testament est encore opposé à la Marquise de Valory aux pages 8, 28 & 30.

Me Courtin a donné des *Observations. On se rappelle,* y dit-il page 5, *ce Testament olographe de 1769, qui contient en detail la manière dont je secourois la Dame de Valory. Cet acte l'embarrasse, &c.*

Ce n'est pas assez pour Me Courtin de divulguer tout ce que contenoir le Testament de 1769; il a fait imprimer (page 13) une Lettre du Sr de Noiré, qui, dépositaire aussi infidéle, révéle le secret d'un autre Testament de la Marquise de Valory de 1776.

Jamais certainement aucun Citoyen ne s'est trouvé dans une position si singulière. La Marquise de Valory est obligée de plaider contre Me Courtin, Avocat; &, à chaque instant, il lui oppose un Testament qu'elle a fait treize ans auparavant, dont la garde lui avoit été confiée. Il falloit notre siécle pour fournir un tel exemple.

Voilà cependant cet homme dont nous avons déjà quatre ou cinq panégyriques imprimés, dignes de servir de modéle au Barreau, à toute la Ville même ; qui a rempli avec la délicateſſe & l'exactitude la plus ſcrupuleuſe, les devoirs de ſa Profeſſion : il en viole un preſcrit par le Droit naturel, par toutes les Loix divines & humaines. La fidélité inviolable dans la garde d'un Dépôt eſt une vérité gravée dans le cœur des Payens honnêtes : l'intérêt l'a effacée de celui de Mᶜ Courtin.

Quel ſcandale qu'un tel procédé dans un Avocat, dont la probité doit être ſupérieure à toutes les épreuves ! Ce qui y met le comble, c'eſt de le voir loué, protégé, applaudi par une foule de ſes Confrères.

Je lis en tête d'une Conſultation, dé-libérée pour lui le 28 Juin 1782 : *Le Conſeil ſouſſigné qui a vu le Mémoire à conſulter de Mᵉ Courtin, les actes de 1771 & 1774, le Teſtament olographe de la Marquiſe de Valory, du 28 Juillet 1769, &c.* Les Conſeils de Mᶜ Courtin ont donc ſouffert qu'il mît ſous leurs yeux le Teſtament de la Marquiſe de Valory : ils trouvent bon qu'il profite de cette piéce, qu'il en révéle toutes les parties qui pourront lui ſervir : ils l'aide-ront à en argumenter. Et, après cela, il ne ſera pas permis de déplorer nos temps & nos mœurs !

On ne verra ſûrement rien de ſem-blable dans les Conſultations des anciens Avocats. Si un de leurs Confrères, un

Client quelconque leur eût proposé de délibérer sur un testament confié à sa discrétion ; si on leur avoit proposé d'y chercher des moyens contre le Testateur lui-même, ils auroient témoigné leur juste indignation contre un tel excès ; & leur ministère n'auroit été employé qu'à en détourner, à en faire sentir l'injustice. Ils se regardoient comme les Conseils publics de tous les Citoyens, dans leurs Ecrits comme dans leurs mœurs ; & les principes qu'ils faisoient valoir dans la défense d'un Particulier, étoient des règles de conduite pour tous les autres. Les temps sont changés. Les Jurisconsultes concourent aujourd'hui, avec les Dépositaires perfides, à la violation des dépôts les plus sacrés. Ils prêtent le secours de leurs lumières au Dépositaire d'un testament, pour qu'il en tire un meilleur parti contre le Testateur.

Le testament de 1769 est opposé six fois à la Marquise de Valory, (pages 4, 5, 6, 10, 11 & 14), comme fournissant contre elle des moyens invincibles.

Dans une autre Consultation, du 10 Mars 1783, on invoque encore (pages 10 & 11) les deux Testamens de la Marquise de Valory, de 1769 & de 1776 : la première est signée de dix-sept Avocats ; la seconde a vingt-deux signatures. On trouve, au pied de l'une & de l'autre, celles de Mrs Target, Babille & Tronçon du Coudray.

Quelle idée prendront les Habitans de la Capitale, de Jurifconfultes qui donnent & qui pratiquent de telles leçons ! Soutiendront-elles la confiance publique ? N'aura-t-on pas une jufte crainte de voir fes dernières volontés manifeftées, au moins lorfque le Dépofitaire y trouvera fon avantage ? Comment, après cela, Me Babille, qui a figné de telles maximes, s'eft-il oublié jufqu'à fe rendre mon Dénonciateur ? Comment la Députation s'eft-elle oubliée elle-même jufqu'à recevoir fa dénonciation ?

Ce que je viens de relever n'eft que le moindre mal ; car les abus vont croiffant & fe multipliant dans l'affaire de Me Courtin, & en fa faveur.

Le 12 Mars 1783 a paru un autre Mémoire & Confultation pour Me Courtin : le Mémoire eft figné de Milly, Procureur au Châtelet. Au pied eft une Confultation en dix-huit lignes, fignée Tronçon du Coudray & Target. Cette pièce eft fans doute la plus répréhenfible, & la plus fcandaleufe de toutes celles qui ont paru pour la défenfe de Me Courtin. Le Teftament de 1769 y eft rappellé plus de douze fois, (pages 7, 8, 31, 34, 36, 38, 42, 47, 49, 50, 51, 53, 54, 56, 61, 62), comme décifif pour Me Courtin, contre la Marquife de Valory. Il l'eft encore dans la Confultation à la fuite du Mémoire. Car la Caufe de Me Courtin eſt ſi miſérable, qu'on ne pourroit la défendre ſans cette piéce. La Marquiſe de Valory ſuccombera certainement. Et pourquoi? C'eſt qu'elle a fait, il y a treize ans, un Teſtament, qu'elle a eu l'imprudence de remettre à Me Courtin, & que cet acte lui fournit, contre elle, des armes victorieuſes.

On croit à peine ſes propres yeux, quand on voit vingt-deux Avocats, dont quelques-uns très-célèbres, employer des moyens auſſi pitoyables. Un Praticien de deux jours ſait que le Teſtament eſt ſans aucune vertu du vivant du Teſtateur. Il eſt de la nature, de l'eſſence de tel acte de ne prendre ſa force qu'à l'inſtant du dernier ſoupir du Teſtateur. Nous avons ſur ce point une autorité bien reſpectable. C'eſt celle de l'Apôtre S. Paul, parlant ſelon la Juriſprudence de ſon ſiècle, qui, ſans doute, n'eſt pas changée depuis : *Teſtamentum in mortuis confirmatum eſt ; alioqui nondum valet ; dum vivit qui teſtatus eſt.* « Le Teſtament exiſte, & » n'exiſte pas ; il n'opère rien ; il ne » prouve rien. » Le Teſtament d'un homme qui vit, & une feuille de papier blanc, c'eſt la même choſe, par cette unique raiſon, qu'il n'eſt pas mort.

A cela ſe joint la révocabilité perpé-tuelle, qui ſuſpend la ſtabilité & l'efficacité de l'acte juſqu'à la mort du Teſtateur. C'eſt l'ordonnance de dernière volonté ;

& elle ne peut être la dernière, tant qu'il est poſſible qu'il y en ait une autre. La Marquiſe de Valory eſt vivante : elle a révoqué les Teſtamens de 1769 & 1775. Cependant vingt-deux Avocats s'acharnent à en tirer des argumens : la prévention pour Me Courtin les aveugle, & ils lui font le ſacrifice de leurs lumières.

En vain cherche-t-on à diſtinguer les reconnoiſſances de dettes, d'avec les legs directs, pour vouloir que les premières clauſes ſoient efficaces, même du vivant du Teſtateur. Tout ce qui eſt inféré dans un Teſtament participe néceſſairement à ſa nature, & lui eſt ſubordonné. Or, comme on l'a déjà dit, le Teſtament ne prouve rien du vivant du Teſtateur : *Nondùm valet dum vivit qui Teſtatus eſt.* Peut-on ignorer d'ailleurs que très-ſouvent, & preſque toujours, les Teſtateurs emploient cette confeſſion d'une dette pour déguiſer, ou pour corroborer la libéralité qu'ils exercent?

On dit, (page 56), que d'après les détails dans leſquels entre la Dame de Valory dans ſon Teſtament, on voit qu'elle ne donne pas, mais qu'elle reconnoît devoir. C'eſt préciſément ce que fait un Teſtateur aviſé : il multiplie à deſſein les aveux, les déclarations, pour rendre vraiſemblable la dette dont il ſe charge.

Mᵉ Courtin, ajoute-t-on, ne se fait pas un titre de ce Testament pour demander dix mille livres à la Dame de Valory ; mais pour prouver, par ses expressions, qu'elle avoit reconnu les avoir reçues de lui en différens temps , & pour différentes causes.

Que Mᵉ Courtin ne cherche pas à se faire un titre du Testament ; il n'a pas, en cela , grand mérite. Jamais un acte de ce genre n'a été, & ne sera le titre d'une dette. Ou il y a un autre Titre valable , & alors le Testament ne sert à rien ; ou il n'y a point d'autre Titre , & alors la reconnoissance de la dette n'est qu'un legs inutile , parce que la Testatrice vit , & que d'ailleurs elle l'a révoqué.

Mᵉ Courtin veut seulement prouver un fait. Mais pour prouver, il faut employer un acte probant. Or le Testament de la Marquise de Valory ne prouve rien, parce qu'elle est vivante, & qu'elle l'a révoqué. On voudra bien peut-être convenir qu'elle fait mieux que Mᵉ Courtin ; qu'elle fait seule ce qu'elle a eu intention de faire. Elle déclare que son unique dessein a été de gratifier Mᵉ Courtin, auquel elle ne devoit rien ; & que pour assurer l'exécution de sa volonté bienfaisante , elle a emprunté la qualité de Débitrice.

Tout cela n'est, au surplus , qu'un déraisonnement permis à Mᵉ Tronçon du

Coudray. Voici quelque chofe de bien plus grave. On effaye, (page 54), de juftifier Me Courtin de la manifeftation du Teftament. Il faut rapporter les propres termes; fans cela un tel excès ne feroit pas croyable.

« Il ne peut pas, dit la Marquife de
» Valory, être queftion dans la Caufe
» d'un acte de cette efpéce ; c'eft par
» abus de confiance que Me Courtin le
» cite : un Teftament remis à un Tiers eft
» un Dépôt facré pour lui ; il eft criminel
» s'il y touche : l'honneur le lui défend.

» Voilà une étrange manière de raifon-
» ner, & un abus bien plus étrange des
» principes de l'honneur.

» Quoi! par le Teftament de 1769, la
» Dame de Valory, craignant que la mort
» ne la furprenne, (ce font les termes
» mêmes du Teftament), veut affurer un
» titre à Me Courtin, parce que jufques-
» là, (ce font encore fes termes), elle
» n'a pu vaincre fa générofité. Ce titre,
» elle s'empreffe de le lui remettre, pour
» que fa créance ne lui foit pas conteftée.
» Et aujourd'hui qu'elle la nie, elle pré-
» tend qu'il n'eft pas permis à Me Courtin
» de le lui oppofer! Et aujourd'hui qu'elle
» veut lui enlever l'honneur, en lui con-
» teftant la dette atteftée en partie par
» ce titre, elle ne veut pas qu'il fe juftifie
» en prouvant cette dette par le titre
» même! Que fur les difpofitions qui ne

» le concernent pas, Me Courtin ait dû
» se taire, cela peut être : aussi n'en a-t-il
» publié aucune autre. Mais que sur celles
» qui prouvent son innocence, il ait dû
» rester muet, qu'il ait dû consentir à son
» déshonneur par son silence ; une thèse
» aussi ridicule ne pouvoit être imaginée
» que dans cette Cause. »

Après des chicanes sur un texte de Plutarque, qui reproche à Auguste la publication du Testament d'Antoine, on ajoute :

« Quelle distance de la conduite d'Au-
» guste à celle que la Dame de Valory
» reproche à son Adversaire ! Il est ca-
» lomnié ; le Testament qu'il cite a été
» cent fois révoqué : il se sert du Titre
» que lui a donné celle qui l'attaque ; ce
» n'est point sa haine qu'il sert, c'est son
» honneur qu'il défend ; il tait tout ce
» qui lui est étranger dans ce Testament.
» Comment ose-t-on l'outrager par une
» comparaison si odieuse ? »

Eût-on cru qu'un tel propos pût sortir de la bouche d'un Avocat ? Y reconnoissez-vous, Monsieur, un de vos Confrères ? Reprenons-le par parties.

Soutenir que le Dépositaire d'un Testament se déshonore en le publiant du vivant du Testateur, c'est une étrange manière de raisonner, un abus étrange des principes de l'honneur : cela veut dire, pour tous ceux qui entendent le

François, que l'obligation du fecret eft une chimère, & qu'il eft permis au Dépofitaire d'un Teftament de s'en fervir comme d'une Piéce publique , même contre le Teftateur vivant.

Quoi ! dit-on, par le Teftament de 1769, la Marquife de Valory , craignant d'être furprife par la mort, veut affurer un titre à Me Courtin ! Elle lui remet ce titre pour que fa créance ne foit pas conteftée ! Et aujourd'hui qu'elle la nie , elle prétend qu'il n'eft pas permis à Me Courtin de la lui oppofer ! Et aujourd'hui qu'elle veut lui enlever l'honneur , en lui conteftant la dette atteftée en partie par ce titre , elle ne veut pas qu'il fe juftifie en prouvant cette dette par le titre même ! C'eft-là , aux yeux de Me Tronçon du Coudray, un rigorifme outré. Quels font donc les vrais principes ? C'eft que, *omnis eft honefta ratio expediendæ falutis.* J'ai entre les mains un acte qui peut m'être utile : je ferois un fou fi je n'en profitois pas. Peu importe qu'il ne foit entre mes mains que comme un dépôt, & que toutes les Loix divines & humaines me prefcrivent le fecret le plus profond ; je m'en fervirai avantageufement contre le Teftateur : il m'eft donc permis de le faire.

Que fur les difpofitions qui ne le concernent pas , Me Courtin ait dû fe taire, cela peut être : auffi n'en a-t-il publié aucune autre. Mais que fur celles qui prouvent son innocence il ait dû rester muet ; qu'il ait dû consentir à son deshonneur par son silence ; une these aussi ridicule ne pouvoit être imaginée que dans cette Cause.

Il faut distinguer, dans le Testament, deux sortes de dispositions, dont les unes concernent Me Courtin, & les autres lui sont étrangères. A-t-il été obligé de dérober les dernières à la connoissance du Public ? Tout ce que la probité & la conscience prescrivent à Me Tronçon du Coudray sur ce point, est de ne le pas nier. *Cela peut etre.* C'est une opinion problématique ; une question controversée, soutenue de part & d'autre par des raisons également fortes. *Cela peut être.*

Aussi Me Courtin ne les a-t-il pas divulguées : ce seroit sans doute de sa part un grand effort de vertu ; le devoir ne se trouvant pas sur ce point contraire à l'intérêt. Avec ces monstrueux principes, on justifieroit un Confesseur, qui ne révéleroit de la confession de son pénitent, que les chefs qui lui seroient utiles. Me Courtin a d'ailleurs si peu divulgué les dispositions du Testament qui ne le concernoient pas, qu'il a mis l'acte entier sous les yeux de dix-sept Avocats, qui l'ont visé en tête de leur Consultation.

Mais que sur celles qui prouvent son innocence, il ait dû rester muet ; qu'il ait dû consentir à son deshonneur par son silence ; une thèse aussi ridicule ne pouvoit être imaginée que dans cette Cause.

Quelle étonnante afſertion, & a-t-on jamais renverſé toutes les régles avec tant de hardieſſe & d'effronterie ? L'intérêt eſt la ſeule règle des mœurs, & tout ce qui eſt utile eſt licite. Les Avocats auroient dit autrefois qu'il n'eſt jamais permis de mal faire ; que ſi on ne peut ſauver ſa vie que par un délit, il faut conſentir à la perdre ; que ſi on ne peut conſerver ſa fortune ou ſa réputation qu'en ſe rendant prévaricateur, on doit en faire le ſacrifice. C'eſt une thèſe ridicule : dès qu'on peut ſe procurer vingt mille livres en violant le droit naturel, on doit le faire ſans balancer.

Nous liſons dans l'Ecriture-Sainte, qu'on ſe rend coupable de fraude, en révélant les ſecrets qui doivent être tenus cachés. *Qui ambulat fraudulenter, revelat arcana.* Il n'y a pas un Caſuiſte qui ne donne pour un péché grave la violation d'un ſecret ; & la morale de l'Etat eſt d'accord ſur ce point avec celle de l'Evangile.

La ſeule raiſon naturelle avoit appris aux Romains, qu'on commettoit un crime de faux, en ouvrant ſeulement un Teſtament qui avoit été remis cacheté, quoiqu'on ne publiât pas ce qu'il contenoit. *Is qui aperuerit vivi Teſtamentum, Legis Corneliæ pœnâ tenetur. L. 7. §. 5. Ad Legem Corneliam de falſis.* Une autre Loi

excufe la rupture de l'enveloppe, lorfque la curiofité n'a pas été portce jufqu'à
ouvrir l'acte même. *Si quis tabulas qui-
dem non aperuit naturaliter, linum autem
inciderit, excufatus erit; quia dolo caret,
qui ipfas tabulas non aperuit.* L. 3. §. 23.
Digeft. *Ad Senatus-Confult. Sylanianum.*
Il étoit permis de pourfuivre, comme
fauftaire, le Dépofitaire qui communi-
quoit les piéces dépofées, aux Adverfaires
du Dépofant. *Is qui depofita inftrumenta
apud alium, ab eo prodita effe adverfariis
fuis dicit, accufare eum falfi poteft.* L. 1.
§. 6. *Ad Leg. Cornel. de falfis.* Auroit-on
été plus indulgent à fon égard, s'il avoit
voulu tourner les pièces contre celui qui
les auroit dépofées?

Le bon fens apprenoit aux Payens
même, que le dépôt appartient au feul
Dépofant; que le Dépofitaire n'en a que
la garde; qu'il ne peut en tirer aucun
profit, de quelque nature qu'il foit. C'eft
pour cela que les Loix Romaines con-
damnent de vol, celui qui lève à fon
profit les fruits de la chofe dépofée. Il
ne venoit pas feulement à l'efprit des
Jurifconfultes Romains, qu'un Dépofitaire fût affez infenfé pour ofer tourner le
dépôt contre celui qui en étoit l'auteur.
Le dépôt étant la chofe & le bien du
Dépofant, il eft cenfé être toujours entre
fes mains, quoiqu'il foit dans celles du
Dépofitaire. On doit regarder Me Courtin

comme argumentant du Teſtament de la Marquiſe de Valory, qui eſt toujours au pouvoir de la Teſtatrice; parce que, s'il eſt en celui de Me Courtin, c'eſt pour le feul intérêt de la Marquiſe de Valory, & non pour celui de Me Courtin.

Et, après cela, on oſe dire qu'il a eu droit d'invoquer contre la Marquiſe de Valory les clauſes du Teſtament qui le concernoient; & qu'en ſoutenant le contraire, on poſe une thèſe ridicule. Telles ſont les leçons que les Avocats donnent aujourd'hui à leurs Concitoyens. Les Juges du Châtelet ont cependant adopté cette thèſe ridicule : ils ont condamné Me Courtin à rendre à la Marquiſe de Valory ſon Teſtament de 1769. Par-là ils ont décidé que cette piéce n'avoit pu être produite ſans abus de confiance, ſans prévarication. Ils ont décidé qu'elle appartenoit à la Marquiſe de Valory ſeule, & qu'on ne pouvoit en tirer contre elle de moyens légitimes.

On nous dit que ce Teſtament dont on argumente avec tant d'obſtiation, a été cent fois révoqué. Voilà donc une foule de Juriſconſultes qui croyent qu'on peut argumenter avec ſuccès d'un Teſtament cent fois révoqué par la Teſtatrice qui vit encore.

Me Tronçon du Coudray paroît avoir ſenti le ſoulévement & l'indignation que cauſeroient ſes principes. Il s'eſt caché derrière le rideau : il a fait figner, par le Procureur au Châtelet, ce Mémoire dont il a fait les honneurs, dont il a recueilli avec joie les complimens. C'eft une rufe bien mal-adroitement couverte. L'Auteur du Mémoire s'y décèle à chaque inftant comme Avocat. Dès la page 2, on parle du *préjugé favorable que nous infpire pour un infortuné CONFRERE*, &c. On lit, (page 63), *la Marquife de Valory a fait a notre ORDRE l'injure de croire qu'il fuffifoit de calomnier un de fes Membres pour le determiner à le pourfuivre.* On trouve dans beaucoup d'autres endroits des expreffions femblables. M de Mylli, Procureur au Châtelet, n'eft pas Confrère de Me Courtin, ni Membre de l'Ordre. C'eft donc un Avocat qui a écrit.

Au pied du Mémoire eft une Confultation fignée *Tronçon du Coudray* & *Target.* Cette inverfion, dans l'ordre des fignatures, annonce pour Auteur celui qui a figné le premier. Me Target lui a cédé le rang d'ancienneté, pour lui laiffer la gloire de la compofition ; & fi les réflexions que je viens de f ire peuvent l'en faire rougir, au moins eft-il certain qu'il s'en eft vanté jufqu'à préfent.

En écartant d'ailleurs la fignature de Me de Milly, qui n'eft qu'un mafque, il eft certain que c'eft un Avocat qui parle. Au pied du Mémoire, qu'il faut regarder comme anonyme, eſt la ſignature de deux Avocats qui atteſtent l'avoir lu. C'en eſt aſſez pour qu'ils en ſoient garans. On veut me rendre reſponſable du contenu dans le Mémoire de la Marquiſe de Valory , ſigné d'elle. Comment Mes Tronçon du Coudray & Target ne le ſercient-ils pas d'un Mémoire au pied duquel ils ont mis une Conſultation ; Mémoire qu'on doit juger n'être ſigné de perſonne, parce qu'il eſt démontré que celui qui l'a ſigné ne peut en être l'Auteur ?

Quelque criants que ſoient les excès que je viens de relever dans ce Mémoire, je ne les ai pas épuiſés. J'en ai d'autres encore à mettre ſous vos yeux.

Vous avez appris que M. Hérault de Séchelles, Avocat du Roi, qui a conclu en faveur de Me Courtin, s'eſt élevé avec beaucoup de force contre l'uſure énorme dont l'acte de 1774 eſt infecté. Voici comment on fait, (page 32), l'apologie de Me Courtin.

« Qu'objecte, ſur cet acte, la Dame » de Valory ? Des argumens auſſi ridi » cules que ſur celui de 1771.

» Elle dit, par exemple : Il eſt queſtion » dans l'acte d'intérêts convenus ; cela » eſt uſuraire. Idée chimérique ! Me Cour » tin en fait la remiſe par l'acte de 1774. » En quel ſens des intérêts qu'on n'exige » pas ſont-ils uſuraires ?

» Tout au plus feroit-ce le mot qui
» pourroit n'être pas propre? Mais il eſt
» fort clair que Me Courtin auroit eu
» droit en 1771 d'aſſigner la Dame de
» Valory pour faire courir les intérêts. Il
» l'eſt également qu'entre amis confians
» & honnêtes, on a pu remplacer, par
» une fiction, la jouiſſance de la ſomme
» due, puiſqu'il ne falloit pour cette
» jouiſſance, qu'une Sentence que le
» Créancier avoit droit de prendre, &
» que le Débiteur ne pouvoit empêcher. »

Tels ſont les documens que donnent
aux Citoyens Mes Tronçon du Coudray
& Target. L'uſure, condamnée par les
Ordonnances autant que par l'Evangile,
eſt un crime imaginaire. La demande en
Juſtice pour faire courir les intérêts, eſt
une procédure inutile, dictée par de
vains ſcrupules. Pourquoi mettre le Débiteur en demeure par un exploit, &
obtenir une Sentence qu'il ne peut empêcher? Il eſt bien plus ſimple de ſtipuler
publiquement les intérêts. Entre amis
confians & honnêtes, une telle convention n'a rien que de licite. Telle eſt la
morale que des Avocats oſent enſeigner
publiquement, & protéger par leur
ſignature.

Si, des principes du Mémoire, on
paſſe au ſtyle, on jugera qu'il a été compoſé dans un accès de fièvre chaude. On
y lit à chaque inſtant, *cœur perfide,*

méchanceté, fureur, affoiblissement d'or-
ganes, caprices bisarres, plan atroce,
emportemens, colère & malignité de l'en-
fance, tout ce que la fureur de la vengeance
a de plus atroce ; imposture, haine, ven-
geance, calomnie, malignité honteuse,
audace effrayante, raffinement de mali-
gnité, persécutrice, calomniatrice. Telles
font les couleurs fous lesquelles est dé-
peinte la Marquise de Valory : c'est un
volcan, une bouche infernale, qui vomit
un torrent d'injures. Qu'on retranche les
injures, les argumens tirés du Testament
de 1769, & de quelques Lettres parfaite-
ment inutiles ; il ne restera plus rien.
Mais je veux fixer uniquement vos re-
gards sur un *Post-Scriptum* qui termine
l'ouvrage, & qui précéde immédiatement
la Consultation par laquelle il est cou-
ronné. C'est la mort de la Dame Courtin
qui en fait la matière.

» Au moment où l'on achevoit d'im-
» primer ce Mémoire, un événement
» affreux n'a que trop vérifié ce que nous
» difions de la malheureuse Victime qu'a-
» voit frappée la Dame de Valory en
» diffamant Me Courtin ».

Ainſi la Marquiſe de Valory est coupable d'homicide : elle a poignardé la
Dame Courtin.

» La calomnie vient enfin d'achever
» fon ouvrage ; l'infortunée vient de
» mourir. Les voilà qui pleurent mainte-

» nant, difoit, avec le fourire de la ven-
» geance, la Dame de Valory, lorfqu'elle
» apprit les chagrins que la publicité de
» fes Libelles caufoit à Me Courtin & à
» fa femme : elle peut aujourd'hui fa-
» vourer un plaifir plus barbare, & fon
» triomphe eft complet... »

Non-feulement la Marquife de Valory
a égorgé la Dame Courtin; mais elle fe
réjouit, elle danfe fur fa tombe.

» Faut-il donc des événemens auffi
» cruels, pour nous apprendre tout ce
» que la calomnie a d'horrible! Et com-
» bien ne devons-nous pas gémir, qu'à
» un mal fi affreux il n'y ait parmi nous
» aucun reméde! De l'argent, quelques
» réparations imaginaires; voilà l'indem-
» nité que les Tribunaux offrent à un
» honnête-homme diffamé, & frappé
» dans ce qu'il a de plus cher! Calom-
» niateurs! *Malfaiteurs cent fois plus*
» *atroces que ceux que les Loix dévouent*
» *aux fupplices*; que l'indignation pu-
» blique fupplée au moins ici à celle des
» Loix elles-mêmes; & puiffiez-vous
» trouver dans l'horreur de tous les
» honnêtes-gens une partie des tour-
» mens que vous faites éprouver à vos
» victimes!... »

Eft-ce un homme qui parle? N'eft-ce
pas plutôt une furie, un démon? Et dans
l'ouvrage qui porte le nom d'un Avocat,
s'attendroit-on à trouver un forcené &

un frénétique ? Pour sentir encore plus combien un tel emportement est criminel, observez, Monsieur, quelle en est l'occasion.

La Marquise de Valory a soutenu qu'une obligation qu'elle avoit souscrite au profit de Me Courtin, n'avoit qu'une cause fausse ; & Me Courtin l'a avoué, l'a signé dans un acte de 1774. Dans ce dernier acte, il a cherché à colorer le premier ; &, à la cause fausse qu'il énonçoit, il a substitué une cause usuraire, qui a excité le zèle de M. l'Avocat du Roi. On a cherché à pallier ces vices par un Testament de 1769, & par des Lettres de la Marquise de Valory, antérieures & postérieures aux deux actes ; comme si le Testament & les Lettres pouvoient détruire les aveux que Me Courtin a faits & signés en 1774. Voilà, en deux mots, tout le Procès ; & c'est pour cela que la Marquise de Valory est injuriée & outragée avec un excès qui mériteroit punition exemplaire.

Je finis, Monsieur, en demandant si je suis plus coupable que Me Courtin & ses Défenseurs. Mon crime se borneroit à une erreur de fait ; & j'aurois attribué à l'Ordre une disposition qui étoit seulement celle de plusieurs membres. Je n'ai jamais surpris à mon profit d'obligation sans cause , ni fait aucune convention usuraire. J'ai été Dépositaire de plusieurs

Teſtamens, & ils ne ſont devenus publics qu'après la mort des Teſtateurs. Je n'ai jamais corrompu la régle des mœurs, ni poſé de principes dangereux à la Société. Je n'ai jamais écrit & ſigné que le Dépoſitaire d'un Teſtament avoit droit de le publier du vivant du Teſtateur; d'y puiſer des armes contre lui; que l'obligation du ſecret, preſcrite par le droit naturel, ceſſoit lorſque le Dépoſitaire avoit intérêt de le violer, & que ſoutenir le contraire, c'étoit une thèſe ridicule. Je n'ai jamais écrit & ſigné que l'uſure eſt une chimère; que c'eſt une vaine pratique que d'interpoſer l'office du Juge, & que la ſtipulation d'intérêt n'a rien que d'honnête & de licite entre amis. Jamais enfin je n'ai compoſé de ces Libelles diffamatoires, ſi ſévèrement défendus par les Ordonnances.

J'ai cependant été mandé à la Députation. Ne ſe couvriroit-elle pas d'un opprobre éternel, ſi elle ne mande pas ſeulement Mᵉ Courtin, & tous ceux qui ont ſigné des Conſultations pour lui, dont elle a depuis long-temps les excès ſous les yeux, ſans qu'elle ait paru y prendre le moindre intérêt?

Mᵉ Tronçon du Coudray ſeroit-il innocent à ſes yeux? Seroit-ce par la compoſition du monſtrueux Libelle dont je vous ai donné une foible eſquiſſe, qu'il auroit mérité d'être inſcrit ſur le prochain

Tableau ? Seroit-ce ainſi qu'on fait ſon noviciat dans l'Ordre ? N'auroit-il pas mérité un mandat à la Députation, une verte réprimande, une prolongation de ſtage de quelques années, pendant leſquelles il prendroit l'eſprit de l'état auquel il aſpire ?

La Marquiſe de Valory ſe réſerve le droit de rendre plainte contre Mᵉˢ Courtin, Tronçon du Coudray, Target & autres. Mais l'Ordre ne ſe déshonore-t-il pas à jamais, en ne puniſſant pas lui-même ſes Membres qui ont commis de tels excès, & en forçant à demander aux Tribunaux la juſtice qu'il aura refuſée ? Si, dans les coupables, il y en a qui ſont devenus célébres par leurs talens, il eſt d'autant plus néceſſaire de réprimer l'abus qu'ils en ont fait. L'Avocat doit être *dicendi peritus* ; mais on exige de lui une autre qualité bien plus néceſſaire encore.

Telles ſont les réflexions que j'ai cru devoir mettre ſous vos yeux, & ſous ceux de la Députation. Je vous prie, & , en tant que beſoin eſt, je vous requiers & je vous ſomme de lui communiquer ma Lettre, à moins que vous ne vouiiez me dénier juſtice, en interceptant les moyens de ma défenſe. Je ſuis avec reſpect,

Monsieur le Batonnier,

Votre très humble & très-obéiſſant ſerviteur.

M. D C C. L X X X I I I.

9 782019 294588